SYLLABAIRE FRANÇAIS.

AVIS.

1º On suivra la méthode d'épellation.
2º On expliquera les signes orthographiques et de ponctuation à mesure qu'ils se présenteront.
3º On prononcera les voyelles longues ainsi : â long, ê long, î long, ô long, û long, et non â accent circonflexe, ê accent circonflexe, etc.
Pour la brièveté, on dira grand A, grand B, etc., et non A majuscule, B majuscule, etc.
4º Les e sans accent seront prononcés eu (le).
  é avec accent aigu . . . . é (bébé).
  è avec accent grave. . . . è (père).
5º Dans la 4ᵉ leçon et dans leçons suivantes, les consonnes doublées nn, mm, rr, ss, tt, seront jointes à la voyelle qui les suit.
6º Des exerciées de langage du commencement de la classe pourront très-avantageusement se faire sur la leçon de lecture du jour. Les quelques mots détachés de la 2ᵉ et de la 3ᵉ leçons, parfaitement compréhensibles à l'enfant, pourront être employées dans des phrases comme celles-ci : *Le papa* de Jules est allé à Paris. — *La pipe* sent mauvais, je ne voudrais jamais fumer. — *L'île* de Saint-Hélène est célèbre par la mort de Napoléon Iᵉʳ. — *La pilule* du pharmacien doit guérir ma bonne mère. — *Le pape* est à Rome. — *Mimi* ne veut pas condnire *Lolo*, etc.
A partir de la 17ᵉ leçon on procédera de même. Exemple : J'ai *mal* aux yeux. — Ce cheval est *vif*. Louis me prêtera son *cor* de chasse. — On ne doit pas s'asseoir *sur* la table. — Mon parrain nous a envoyé un *sac* plein de pommes. — Le *fil* casse quand on le tire trop fortement, etc.
7º Chaque leçon de lecture doit être suivie d'une leçon d'écriture sous forme de dictée.

 Ainsi résumons :

Leçon d'exercices de langage ;
Leçon de lecture ;
Leçon d'écriture.

1.

A, a, à, â.
E, e, ë, é, è, ê.
I, i, ï, î.
O, o, ô.
U, u, ü, ù, û.
Y, y.

i â u ô e û a î o ê
é a o î e i â u è y
é ê a o ï ü ë ù a é
u e ô i â o ê a û i
A E I O U Y

2.

M, m. L, l. P, p.

Ma, me, mé, mè, mê, mi, mo, mu,
La, le, lé, lè, lê, li, lo, lu, ly,
Pa, pe, pé, pè, pê, pi, po, pu, py,

Le papa. La pipe. L'île. La pilule. Le pape. Mimi. Lolo. Le pôle.

3.

D, d. B, b.

Da, de, dé, dè, dê, di, do, du, dy.
Ba, be, bé, bè, bê, bi, bo, bu, by.

Le dada de Lolo. Mimi a du baba. Bade. La lime de papa. Madame. La lame d'épée.

4.

N, n. T, t.

Na, ne, né, nè, nê, ni, no, nu, ny.
Ta, te, té, tè, tê, ti, to, tu, ty.

Papa a une pipe. Lina a bobo. Tony me donne ma balle. Anatole a été la dupe de Mimi. Le pape a été malade. Amédée mène l'âne d'Odile.

Mélanie a amené. Tobie Anna, donne ta bobine à Ida! Mina, ôte le pâté! L'ami d'Emile a dîné à midi. Nanine a été polie.

5.

F, f. R, r. V, v.

Fa, fe, fé, fè, fê, fi, fo, fu, fy.
Ra, re, ré, rè, rê, ri, ro, ru, ry.
Va, ve, vé, vè, vê, vi, vo, vu, vy.

Réné fume une pipe. Fidèle a avalé une pilule. Vive madame la baronne! Favori a irrité ma bonne mère. Lévy a dévidé une pelote.

Nanine a une fève. Anna dira la vérité à papa. Evite la vanité de Fifine. Ovide, ôte vite la pelure de la pomme! La pie vole. Amédée tue la vipère.

6.

C, c, ç.

Ca, co, cu, ça, ce, cé, cè, cê, ci, ço, çu, cy.

Caroline va à l'école. Cécile va à l'étude. Ce cadi lira la civilité. Célie cure la cuve. La capote de Tony a été reconnue.

Rococo caracole. Mimi récite à papa. La façade de l'édifice sera réparée. Emile a reçu une bonne note.

S, s.

Sa, se, sé, sè, sê, si, so, su, sy.

Samedi sera la fête de Sara. Ma robe sale sera lavée. La citadine s'arrête. Anatole a bu une tasse de café.

Marie a cassé une fiole à médecine. Le céleri donne de l'arôme à la salade. Lévy dira une sotte parole.

8.

Q, q.

Qua, que, qui, quo, qu' u.

Ma mère a de la farine de bonne qualité. Que ramasse Salomé ? Salomé ramasse la pelote de Célina.

Le liquide corrode la casserole. Alibée quittera la ville. L'épine me pique. Qui va là ? — L'ami d'Emile va là.

9.

G, g.

Ga, gua, guë, gui, go, gu, guë.
Gea, ge, gi, geo, geu (gageure).

Le café se gâte. La sage Débora guide la petite Anna. Amédée a vu une girafe. Ami, lave ta figure sale ! Le malade qui va là sera guéri.

Lina a le même âge que Fifine. Dolibo a battu la générale. Papa a tiré une gélinotte. Ovide a reçu une image de M. l'abbé. Coco galope. Didi a de la gomme-gutte. La guérite a été réparée. La gageure ne se fera que samedi.

10.

K, k.

Ka, ke, ké, kè, kê, ki, ko, ku, ky.

Le karabé aromatique m'agace. Cécile a donné le kilo de café Moka à sa petite amie. Félicité a vu le képi de l'élève du collége.

11.

J, j.

Ja, je, jé, jè, jê, ji, jo, ju, jy.

Je ménage Lolo. Jérôme, je te quitte. Lina a fini sa jupe. Joly a rejeté la salade. Le jubilé finira samedi. Dina a reçu de la pâte de jujube. Le navire a été jeté à la côte. Janina. Majorité.

12.

H, h (aspirée).

Ha! hé! hi! ho! hue! haro! Hanna Holà! Le halage difficile. La hase timide. La hure d'une bête. La hutte qui recèle la misère.

H (muette).

L'habileté. L'héritage. L'homme. L'humidité. L'habitude. L'honnêteté. Ah! Oh!

14.

X, x.

L'axe. La rixe. La maxime. La taxe. Fixé. Le Mexique.

(e devant x se prononce é.)

15.

Z, z.

Le zèle. Le zéro. La zône. La gaze. Azuré. La zizanie. La zibeline.

EXERCICES DE RÉCAPITULATION.

La lune se lève. Ma mère fera du café à midi. Zénobie je te donne une petite tape. La locomotive s'arrêtera à la gare. Félicie a abîmé la dorure de sa tasse. Ce remède me guérira de ma maladie. Salomé, va vite à la cave ! Ce légume fade me donnera la colique.

Papa a une fine lame d'épée.
La pomme ridée sera rejetée.
J'adore la divinité. Hanna a
l'habitude de médire.

L'étude se fera à l'école même.
L'homme qui a la figure si velue
se nomme Farina. Amélie fera
parade de sa robe de fine gaze.

17.

A B C D E F G H I J K L M N
a b c d e f g h i j k l m n
O P Q R S T U V W X Y Z
o p q r s t u v w x y z

48.

Voyelles *a, i, o, u* entre deux consonnes.

Mal, vif, cor, sur, sac, fil, l'or, sûr, par, s'il, dot, but, bal, bis, roc, dur, lac, sud, val, pur, car, sol, mur, cap, coq, cal, gaz, vol, soc, bac, vis, bol, nul.

Mardi, victime, formé, tartine, carte, dispute, bordure, multitude, larme, tarif, poste, canif, barbe, pâlir, corne, calcul, larve, subir, porte, azur, calme, l'hôpital, récolte, sardine, venir, l'horticulture, facture. Victor, subsisté, marqué, dormir, nocturne, carnaval, portatif, surdité, cornac, sortir, subtil, marmite, métal,

19.

La voyelle e dans les syllabes consonnantes se prononce è.

Fer, ver, mer, bec, bel, cet, sec, cep, tel, nef, quel, hiver, mortel, silex, caramel, perte, veste, germe, certitude, rectitude, servir, éternel, asservir, pervertir, reptile, le pater.

NOTA. Dans les mots suivants les consonnes doublées seront séparées de manière que la première soit jointe à la première syllabe et la seconde à la syllabe suivante.

Elle, belle, celle, pelle, quelle, telle, ridelle, éternelle, Emma, Emmanuel, du sel gemme, la mienne, la tienne, la sienne, une penne, le renne, la terre, le verre, le paratonnerre, il erre.

La serre. Une finesse. La politesse. La sagesse. Vitesse. De la vesce. Successif. Excessif. Cette baguette. Que je mette. Ma dette. La belette. Une omelette.

20.

e=è; s ne se prononce pas.

Mes, tes, ses, ces, les, des, dès, tu es, il est (prononcez è).

Lévy est malade. Le fil est cassé. Papa est parti. Nina est venue à l'école. Le sol est dur. Ce calcul est difficile.

t et ts ne se prononcent pas; expliquer un peu le pluriel.

Le filet, les filets. Ce gobelet, ces gobelets. Le bonnet coquet, les bonnets coquets. Le cabinet, les cabinets. Ce cabaret, ces cabarets. Le gilet, les gilets. Le hoquet. Le reptile muet. Les reptiles muets. Le sujet fidèle, les sujets fidèles.

21.

Articulations doubles suivies d'une voyelle.

Le blâme. Cette fable. Le vice est blâmable. Une table. Du sable. Le blé. Une ville bloquée.

De la farine blutée. La place. Dire une platitude. Le pli de la robe. Une plume. Quel bloc de marbre ! Le brave.

Une brique. L'abri. L'arbre. L'homme sobre. Ce prêtre. Cette prune. Le prisme. La prisonnière. Le préfet. La préfecture. Ma classe. Une claque. Votre clarinette. Le clapotage de la mer.

La clôture. Le club. Le cloporte. La cloque. La glace. Notre globe. La glotte. La glu. Ta cravate. Le crépuscule. De la cretonne. La crème.

Le cri du crocodile. L'ogre. L'ogresse. La gravité du mal. La grenade. Une grimace. La grève. La grêle. L'ordre. Mordre. De la dragée. La drague.

Le drôle. Du trèfle. Le trône. La truelle est cassée. Votre trappe. La trame. Le trafic. Quelle tracasserie. Une belle flotte. Une bonne flûte. La flore d'Alsace. La flaque.

Le frère. Ce frêne. Du fromage. La frugalité. La fraternité. La fièvre scarlatine. Une spatule. La spirale. Sparte.

Le sbire. Le stère. La store. Une statue. La stérilité du sol. Le stigmate. Votre livre devra être propre. La livre. Le lièvre.

22.

Syllabes de deux lettres commençant par les voyelles *a, e, i, o, u.*

Absorbé, absurdité, actif, actuel, admirable, alcove.

Alsace (s=z), Alto, amnistie, arbuste, arcade, asperge, aspérité, astre, atlas.

Ermitage, escabelle, escalade, esclave, espace.

If, il, islamisme.

Objet, obscur, in-octavo, octobre, orfèvre, organiste.

Ulcère, urne, ut.

23.

Deux voyelles consécutives qui se prononcent séparément.

aï. Aïe, aïe, naïf, naïveté, Sinaï.

aü. Saül, Emmaüs.

ée, ie, ue (ont déjà été vus précédemment).

uë. Ciguë, exiguë.

oa. Boa, cloaque, Odoacre.

oé. Noé, Zoé.

ua. Tua, rua, sua, ruade, restitua.

ui. Lui, appui, truite, fuite, suie.

ia. Scia, fia, lia, ratafia, Maria.

ié. Scié, fié, lié, prié, allié, marié.

iè. Bière, fière, tabatière, manière

io. Fiole, cabriole, médiocre.

iu. Sciure, diurne.

éa. Béatitude, béatifié, créature.

aé. Israél, Ismaél, Hazaél.

24.

au=ô,

Au, aube, auge, aune, jaune, la daube, la sauce, la taupe, une gaule, le saule, je saute, la mauve, la guimauve, la sauge, le sarrau, Minette miaule.

eau=ô.

Eau, l'eau, beau, la peau, le seau, le sceau, le veau, le berceau, le poteau, le radeau, le radeau, le corbeau, l'anneau, le soliveau, le coteau, le rameau, le marteau.

25.

eu = e.

Eu, feu, jeu, peu, lieu, pieu, neveu, peur, neuf, Dieu, buveur, dormeur, l'honneur, le sonneur, quelle liqueur ! amateur.

Une demeure fastueuse, Célie est peureuse, une ville fameuse. Cette rue est tortueuse.

œu = e

Vœu, sœur, Cœur, œuf, l'œuf, le bœuf, œuvre, la manœuvre, le nœud (*d* muet).

26.

ai = è

Aide, aile, aime, aine, aîné, aire, aise, aisselle, mai, gai, balai, délai, baie, haie, taire, faire.

Laine, j'aime, le faîne, la gaîne, la haine, une semaine, le domaine.

Le salaire, air, l'air, la laitue, le blaireau.

ei = è

La reine, ma peine, la Seine est large, notre reine, l'haleine, la neige, le seigle, treize, seize.

ai dans la terminaison des verbes se prononce *é*.

J'ai, j'aurai, je serai, je parlerai, je finirai, je recevrai, je saurai, je détruirai, je fuirai, je nuirai, je regardai.

27.

oi.

Moi, toi, soi, la loi, le roi, la foi, l'oie, joie, la voie, le foie, la Savoie, voici, boire, la voiture. Une boîte. Ma voisine est sage. Le poil noir.

œ et *oue=oi* dans

la moelle, la poêle, le fouet, je fouette le bœuf.

28.

ou

Ou, où, ouf, outarde, moutarde, pou, sou, bijou, genou, hibou, joujou, loulou, pioupiou, la louve, le souvenir, le sourire.

Le couteau. Le coucou. Une roulade. La joue. Le jour. Cette fourmi. Je souffle. Vouloir. Oui. Oui-dà. Une fouine.

Louise. Jouir. Réjouir. S'épanouir. S'évanouir. L'ouïe.

29.

Ch

Charité, chêne, chicorée, choc, chute, chère, miche, une mèche, la hache, séché, fâché, une tache, lâche, une bâche, le péché, notre cheval, la chèvre de Cachemire.

Une chemise, le marché, une cachette, la cheminée, ma bêche, une charrue, Charlotte chuchote. Michel est revenu de Colmar.

30.

Ph

Philippe, le phoque, Sophie, du phosphore, Joseph, Putiphar, le philosophe, la physique, le phare. Adolphe a été asphyxié.

31.

Gn

Le signe. Le cygne. Le règne. Je gagne. Le signal. La signature. La dignité de maréchal. L'Espagne. La vigne magnifique. La rognure. Le rossignol.

32.

l ou *ll* mouillés.

Le bail, le l'émail, le soupirail, le travail, le bétail, l'ail, le portail, le camail.

La caille, la paille, une maille, la bataille, je travaille, assaillir.

La fille, une vrille, cette quille, ma famille, une chenille.

La rouille, une douille, la grenouille, une patrouille, de la houille, quenouille, une citrouille.

Le sommeil, pareil, vermeil, l'orteil, l'éveil, le réveil, le méteil,

La veille, une bouteille, l'abeille, notre treille, Marseille. Couleur vermeille, l'oreille, une merveille, la groseille, l'oseille.

u muet

Le deuil, le seuil, l'écureuil, le fauteuil, le cerfeuil.

Je cueille, il recueille, l'accueil, accueillir, le recueil, recueillir, le cercueil, l'orgueil.

<small>Prononcez</small> œil, l'œil, l'œillet, l'œillade.

33.

An, l'an, le pan, la santé, la danse, ma tante se vante, la jante cassée, la cantate, le fantôme, le vétéran, la grange, rataplan, la viande, la nuance, leur lampe, ma jambe, une rampe, la somnambule, le flambeau.

En, la vente, une fente, la pente, ma rente, la science, la fiente, l'affluence, mentir, la lenteur, l'enveloppe de lettre, l'empereur, le menteur embarrassé, embellir la ville.

In-folio, du vin, le matin, la sincérité, une pinte, la pintade, le boudin, votre moulin, ce lapin, en latin, le rabbin, l'amour divin, l'élève mutin, insociable, l'infanterie de marine, j'arrive enfin, juin, une chose impossible, l'Impératrice est charitable. Impoli, l'impertinence sera châtiée.

Ain, l'Ain, le pain, la main, en vain, du levain, le parrain, le grain, la faim, le daim, un essaim, le sein de la terre, la peinture, la teinture, la ceinture.

On, l'on, bon, mon, ton, son, du bonbon, le beton, du jambon, confondre l'imposteur, je contemple le ciel étoilé, notre canton, mon menton, la tombe, la pompe, la bombe, le nom, le prénom, le surnom, comparaître, l'ombre, la compassion, le lion, le pion, Sion, la confession, la succession.

Un, l'un, d'un, lundi, de l'alun, Iverdun, aucun, Dunkerque, le parfum de l'humble violette.

Du foin (fo-in), le coin, le recoin, loin, avec soin, le groin, la pointe, le pointeur, joindre, la jointure, le témoin, le besoin.

34.

en=in ; et (conjonction)=*é.*

Bien. Bienfaiteur. Bienséance. Bienveillance. Un chien. Le mien. Le tien et le sien. Rien. Le soutien. Le Péruvien. Le Bohémien. Fabien et Sébastien. Mon pain quotidien. Un Vendéen. Un pharisien et un scribe. Le jeune Benjamin et sa sœur.

35.

enn= anne
emm=amme
dans les mots suivants.

Solennel, solennité, rouennerie, hennir, hennissement, couenne, femme, décemment, prudemment, sciemment, insolemment, impertinemment.

36.

y entre deux voyelles = deux *i*.

Crai-ion, doi-ien, noi-iau, loi-ial.
Crayon, doyen, noyau, loyal,
moi-ieu, un noi-ié, le pai-ieur,
moyeu, un noyé, le payeur,
le balai-ieur, bégai-ié, roi-iaume,
le balayeur, bégayé, royaume,
un hoi-iau, effrai-ié,
un hoyau, effrayé.

Un moyeu, Léon a rudoyé un pauvre, j'ai tutoyé mon cousin, Alfred a délayé cette couleur, Pierre a nettoyé la table, Frédérié m'a ennuyé par son bavardage, cette page est rayée.

37.

ch se prononce *k* dans les mots suivants :

Echo, le chœur, chaos, Chanaan, choléra, le chlore, le chrême, l'école polytechnique, chrome, chorus, chrysalide, Christine, le christianisme, le Christ, un chrétien, une chananéenne, un chronomètre, un anachorète.

38.

ti se prononce *si* dans les mots suivants :

Action, fiction, onction, jonction, nation, portion, martial, prophétie, facétie, patience, Auguste balbutia une excuse et se retira.

39.

ç=s (amplification du 7ᵉ exercice).

Leçon, caleçon, reçu, tronçon, façon, maçon, or, çà ! La façade, la rançon.

40.

Le tréma (¨) est un signe qui se place sur les lettres *e*, *i*, *u*, pour indiquer que la voyelle précédente doit être prononcée par son son naturel. (Amplification des exercices 1 et 22.)

Noël. Raphaël. Ciguë. Maladie aiguë. Chambre contiguë. Forexiguë. Aï. Aïe ! Aïeul. Sinaï. Naïf. Naïveté.

Faïence. Caïn. Baïonnette. Moïse. Aloïse. Saül. Emmaüs.

41.

Mots où les voyelles sont muettes.

a. août, Saône, taon, toast.

e. à jeun, la gageure, Jean, etc.

i. encoignure, oignon.

o. faon, Laon, paon, paonne.

u. Voyez le n° 31, ajoutez qui, que, quoi, qu'un, etc. (leçon 9.)

42.

Mots où sont muettes les lettres

b. plomb, d'aplomb.

c. banc, blanc, franc, estomac, tabac, etc.

d. bond, fond, chaud, froid, etc.

f. clef (clé).

g. étang, hareng, poing, etc.

h. Théodore, Théophile, Rhône, anthropophage, Rhin.

l. baril, coutil, fusil, fils, nombril. outil, soûl, etc.

m. automne, je condamne.

p. beaucoup, compter, dompter, baptême, sculpteur, sept.

q. cinq suivi d'un mot commençant par une consonne.

r. monsieur.

s. à la fin de presque tous les mots.

t. de même.

x. à la fin de tous les mots hors six, dix.

ch. almanach.

ct. aspect, circonspect, respect, suspect.

ds. tu fends, vends, prends, etc.

fs. bœufs, œufs.

gt. doigt, vingt.

ls. pouls.
ps. temps.
pt. prompt, exempt.

43.
ÉQUIVALENCES.

ai=e _{dans} je faisais, tu etc., faisant, faisable, faisan, faisanderie.

c=g _{dans} le second, la seconde.

d=t _{dans les liaisons :} grand homme.

ess=e-ss _{dans} dessus, dessous, ressource, ressort, du cresson, ressemblance, ressentir, etc.

g=k _{dans les liaisons :} rang élevé, sang artériel.

s=z _{dans les liaisons et entre deux voyelles :} Nous imitons la vertu, visible.

um=ome _{dans} album, décorum, opium, pensum, rhum.

x = cs dans **Alexandre, taxer, vexer.**

x = gz dans **exil, exemple, examen, extérieur.**

x = ss dans **Auxerre, Bruxelles, six, dix, soixante.**

x = z dans **deuxième, sixième, dixième** et dans les liaisons.

es, ent = e dans verbes : **tu parles, ils parlent.**

er, ez = é à la fin des mots **marcher, le cerisier, le nez, vous dormez.**

Observation.

Pour apprendre à faire les liaisons, l'usage et un maître vigilant donneront aux élèves une idée juste de cette pratique qu'il serait peu convenable d'appliquer toujours et partout sans discernement.

DIEU.

Dieu a fait de rien tout ce qui est.

Il a fait le ciel ;

Il a fait l'eau ;

Il a fait le feu ;

Dieu a fait tout ce que tu vois et tout ce que tu ne vois pas.

Dieu est dans tous les lieux.

Dieu voit tout et il sait tout.

Dieu peut tout ce qu'il veut.

Mais il ne veut pas le mal, car il est très-bon.

Il n'y a qu'un seul Dieu.

Tout le bien nous vient de Dieu.

Le mal ne vient que de nous.

Si tu es bon et si tu crains Dieu, tu lui plais.

GUEBWILLER. — Imp. J. DREYFUS.

www.ingramcontent.com/pod-product-compliance
Lightning Source LLC
Chambersburg PA
CBHW061002050426
42453CB00009B/1226